La Cuisine au Vin

Par Anthony Rose

Sommaire

les Sauces

Fumet de poissons 13
Sauce marchand de vin 14
Sauce forestiere 15
Sauce chasseur 16
Sauce à la moutarde
et au vin blanc 17
Sauce berrichonne 18
Sauce bourguignonne 19
Sauce beurre rouge 20
Sauce au vin rouge 21

les Entrées

Soupe au vin rouge 23
Potage au concombre 24
Chorizo mariné
au vin blanc 25
Chou rouge du nord 26
Œufs pochés au vin 27
Cake du sud
au vin rouge 28
Coulis de poivrons verts 29
Haricots rouges au vin 30
Terrine de lapin en gelée 31
Tarte aux légumes 31

les Plats

Fondue aux fromages 35
Fondue au vin rouge 36
Croûte au fromage 37
Poêlée montagnarde 38
Blanquette de lapin 39
Ratatouille aux artichauts 40
Cuisses de grenouilles
provençales 41
Légumes rôtis auvin blanc 42
Gigot d'agneau au vin rouge 43

les Poissons

Ecrevisses à la bordelaise 45
Saint-Jacques au vin blanc
sur lit de légumes 46
Harengs de la Baltique 47
Moules marinières 48
Moules au curry 49
Filets de perche à la moutarde
et au sancerre 50
Matelote d'anguille 51
Maquereaux Boulangère 52
Filets de maquereaux au vin
blanc et à la moutarde 53
Saumon aux groseilles 54
Saumon nordique 55
Rougets à la Bordelaise 56
Truite aux raisins verts 57

les Viandes et les Volailles

Cuisses de dinde au vin blanc 59
Escalopes de dinde au vin rouge . 60
Coq au vin 61
Baeckeoffe 62
Bœuf bourguignon 63

Daube de Mémé Jacotte 64
Daube provençale 65
Lapin au vin rouge 66
Osso bucco 67
Rôti de porc à la moutarde 68
Pied de porc
à la Sainte Menehould 69
Emincé de veau
au vin blanc 70
Sauté de dinde
à la Bourguignonne 71

les Gibiers

Coq faisan
au Gewurztraminer 73
Faisan farci aux noix et raisins ... 74
Fondue Saint-Hubert
à base de gibier 76
Magrets de canard
aux figues et au vin 78
Canard au vin 79
Civet de chevreuil au genièvre 80
Selle de chevreuil 82
Daube de sanglier 84
Rôti de sanglier
à la gelée de cassis 85

les Desserts

Poires au vin 87
Figues au vin 88
Purée de fraises au vin rouge 89
Cerises au vin et au romarin 90
Granité de Sancerre
et de raisin 91
Gâteau au Champagne 92
Gâteau au vin 93
Gâteau au vin doux
et à l'huile d'olive 94
Cake au vin 95
Tarte aux raisins
et au vin rouge 96
Tarte au vin 98
Tiramisu aux fruits rouges
et au vin blanc 99
Gelée de vin 100
Fraises au vin épicé 101
Pain perdu au vin rouge 102
Poires caramélisées
au Monbazillac 103

les Boissons

Sangria 105
Vin chaud 106
Kir 106
Kir royal 106
Communard 107
Double k 107
Vin des dieux 108
Vin rouge à la grenade 109
Bowl aux pêches 109
Soupe champenoise 110
Rosé pamplemousse 110
Vin de noix 111
La Jacqueline 111

Bien que l'air du temps veut que les pisse-vinaigres et autres bonnes âmes soient préoccupés par notre bonne santé, je vous le dis, le rire est le propre de l'homme, certes, mais le bien boire aussi. Je ne dis pas, pour paraphraser Rabelais, boire simplement, car aussi bien les bêtes boivent. Je dis boire, avec le sens de la modération bien entendu, du bon vin, en appréciant les qualités visuelles, olfactives et gustatives.

Vin vient du grec Oinos qui signifie vie, force et puissance. Il a le pouvoir d'emplir l'âme de toutes les vérités, du savoir et de la philosophie. Nos savants et médecins qu'ils soient du nord, du sud, de l'est, de l'ouest nous affirment qu'il y a de la panacée dans ce breuvage sinon inventé par la France, du moins qui lui a donné ses véritables lettres de noblesse.

Quoi de plus agréable que de boire un bon vin assorti avec un bon plat? Quoi de plus agréable que de déguster un mets marié à ce nectar. Le vin a une âme, le vin a un aspect, le vin a une personnalité. Et lorsque l'on sait qu'il peut aussi avoir de la jambe, du corps et même une belle robe, on se dit que s'il est marqué par le terroir où il s'enracine, il est modelé à l'image du vigneron, ou de la vigneronne, qu'il l'élève avec soins.

Bien supérieure à la mémoire de l'eau, qui serait proche de nulle à en croire les scientifiques, la mémoire du vin est phénoménale. Il se souvient de tout, à commencer par la nature de son origine: sa terre. La notion si importante de terroir, c'est ça!

Des pierres à fusil, des graves, des calcaires, de l'argile ou des silex, il prendra ses structures. Son caractère se développera avec le souvenir de l'année passée à croître sur le cep. Il saura se rappeler du millésime de sa naissance, l'année fut-elle facile, ou plutôt rude? Fut-elle ensoleillée, humide? Il gardera aussi le goût du travail effectué par son «père», le vigneron.

Aujourd'hui, le vin est présent à toutes les tables dans le monde entier. Et s'il est avant tout une boisson qui accompagne à merveille de nombreux plats, il est aussi présent dans beaucoup de recettes.

Vous trouverez dans cet ouvrage quelques recettes qui n'existeraient certainement pas sans cet ingrédient magique qu'est le vin.

Imaginez le bœuf bourguignon, la fondue, la daube ou bien notre bon vieux coq emblématique sans leur vin... non n'imaginez pas ! Dégustez et célébrez ce merveilleux mariage dont l'amour des sens a su faire triompher ce millénaire breuvage.

La plupart des recettes suivantes viennent principalement du patrimoine français. Mais comme nous l'avons noté plus haut le vin est présent dans le monde entier et il existe encore d'innombrables recettes où le vin est à l'honneur...

pour une bonne dégustation

Nous ne pouvions vous proposer quelques recettes de cuisine au vin sans consacrer au préalable quelques lignes à la dégustation de ce délicieux nectar.

L'examen visuel :

Il permet d'apprécier l'aspect du vin : couleur, brillance, limpidité, fluidité...

L'examen olfactif :

C'est la perception par l'odorat des odeurs (arômes et bouquet). Plus de cinq cents substances aromatiques ont été décelées dans le vin. Ces odeurs sont classées en plusieurs séries, dont la série fruitée (cassis, framboise, pomme, mûre,...), la série florale (rose, églantine, violette, ...), la série végétale (foin, herbe, sous-bois, ...) ou encore la série empyreumatique (pain grillé, café torréfié, amande grillée, ...).

Les odeurs sont dues à des substances volatiles. Aussi est-il important de procéder à l'examen olfactif en deux temps :

- sentir le vin sans agiter le verre ; les odeurs perçues constituent alors le "premier nez" du vin.
- sentir le vin après avoir agité le verre en le faisant tourner avec précaution (l'agitation favorise l'exhalation des arômes ou du bouquet) ; les odeurs perçues constituent alors le "deuxième nez" du vin.

Les arômes de vin sont également perçus lorsque le vin est en bouche. En effet, la muqueuse olfactive des fosses nasales communique avec la bouche.

Les odeurs ainsi perçues par la voie dite "rétro nasale" ne doivent pas être confondues avec les goûts.

L'examen gustatif (en bouche) :

Les papilles gustatives de la langue permettent de déceler quatre saveurs fondamentales : le sucré, le salé, l'acide et l'amer. On décèle en outre, lorsque le vin est en bouche, ses caractères d'astringence, de rondeur, de souplesse ou encore de pétillant, de perlant, de fraîcheur, ou de chaleur,...

Déguster un vin, c'est aussi exprimer les sensations procurées par l'examen de ce vin, c'est donc en parler. C'est un plaisir supplémentaire. Le vocabulaire employé à cet effet est riche et souvent évocateur.

Voici les mots les plus fréquemment utilisés lors de la dégustation du vin et leur signification:

animal: se dit d'un vin rouge présentant un bouquet de cuir, de musc, de gibier...

âpre: vin rude donnant l'impression de râper. C'est le cas des vins rouges très jeunes.

boisé: vin qui a une odeur procurée par l'élevage en fûts de chêne.

bouquet (qui a du): vin présentant des substances odorantes qui se développent pendant son évolution (phase de maturation) dans des fûts ou en bouteilles. On ne parle généralement pas du bouquet d'un vin jeune mais de ses arômes.

capiteux: vin d'un degré alcoolique élevé qui "monte" un peu à la tête.

charpenté: vin solide, riche en tannins.

corps (qui a du): vin charpenté, qui de la consistance.

corsé: vin à la fois charnu, charpenté et riche en alcool.

épicé: vin présentant des odeurs d'épices (cannelle, poivre, clou de girofle...).

équilibré: vin harmonieux.

floral: vin qui a un parfum de fleur (rose, violette...).

fruité: vin qui a des arômes de fruit: fruits rouges (cassis, cerise, framboise...), pour les vins rouges, et autres (pêche, abricot, agrumes...) pour les vins blancs.

généreux: vin riche en alcool.

gouleyant: vin souple et léger qui se boit facilement.

léger: vin peu alcoolisé, non corsé.

liquoreux: vin très doux, riche en sucre, plus ou moins sirupeux.

moelleux: vin onctueux, donnant une sensation de velours en bouche procurée par l'alcool. Se dit aussi d'un vin doux (contenant des sucres résiduels).

nerveux: vin à la saveur acide bien marquée, sans pour autant être agressive.

rond: vin souple et légèrement velouté.

sec: vin sans aucune trace de sucre.

souple: vin bien équilibré avec une astringence et une acidité faibles.

velouté: vin souple, harmonieux, fondu.

vert: se dit d'un vin à l'acidité élevée ou d'un vin jeune non encore fait.

les Sauces

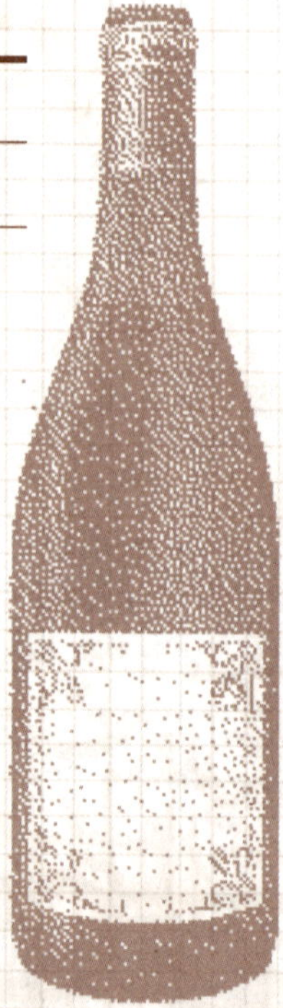

Fumet de poissons

Pour 1,5 litre de fumet

500 g d'arêtes de poissons
1 queue de saumon
500 g d'échalotes
1 oignon piqué
de clous de girofle
300 g de carottes
1 bouquet garni
½ citron
1 c à café d'huile
de tournesol
20 cl de vin blanc

Faites revenir les échalotes hachées dans l'huile. Rajoutez le vin quand elles commencent à dorer. Laissez réduire 10 min.

Mettez les arêtes et mélangez. Versez 2 litres d'eau puis les carottes et l'oignon coupés en rondelles, le bouquet garni et le demi-citron.

Laissez frémir environ 1h, et filtrez.

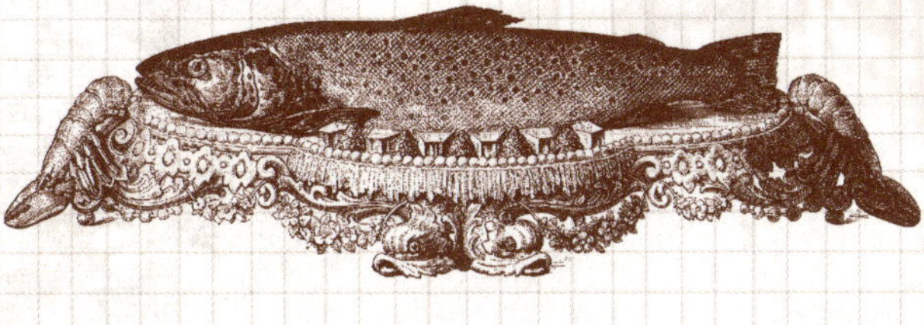

Sauce marchand de vin

50 cl de vin rouge
3 oignons
1 c à soupe de fécule
1 c à soupe de cognac
15 g de beurre

Faites étuver les oignons coupés en rondelles dans le beurre. Ajoutez le vin et laissez réduire à feu moyen environ 15 min. Salez et poivrez.

Après avoir filtré, remuez la fécule au vin rouge et laissez cuire 10 min. Puis mettez le cognac.

Servez la sauce chaude pour accompagner vos viandes rouges.

Sauce forestiere

200 g de girolles
1 c à café de graisse d'oie
1 c à café de farine
1/2 verre de vin blanc
25 cl de fond de veau
ou de volaille

Faites revenir les girolles dans la graisse d'oie dans une cocotte. Rajoutez la farine et remuez.

Mettez le vin blanc tout en mélangeant puis le fond de veau ou de volaille.

Salez, poivrez et laissez mijoter 20 min.

Sauce chasseur

100 g de champignons de paris
2 échalotes
20 cl de fond brun de veau
1 c à soupe de fécule de maïs
1 c à soupe de concentré de tomate
40 g de beurre
15 cl de vin blanc
1 demi-verre de cognac
fines herbes hachées

Dans une casserole, faites dorer les champignons et les échalotes pelées dans 20 g de beurre.
Versez le vin et laissez réduire à petit feu.

Ajoutez le cognac chauffé auparavant et faites flamber.

Faites chauffer à part le fond brun avec la fécule délayée et le concentré de tomates.
Puis rajoutez-le au reste de la sauce.

Laissez mijoter environ 10 min. Ensuite mettez le reste de beurre et les fines herbes. Salez et poivrez.
Remuez et servez

Sauce à la moutarde et au vin blanc

25 cl de fond de veau
1 verre de vin blanc
1 c à soupe de moutarde
sel, poivre

Mélangez la moutarde avec le vin blanc dans une casserole. Laissez mijoter à feu doux avec le fond de veau.

Sauce berrichonne

3 échalotes
30 cl de vin blanc
50 cl de fond brun de veau
1 c à soupe de graisse d'oie
3 cornichons

Hachez les échalotes et coupez les cornichons en dés.

Faites brunir dans une casserole les échalotes dans la graisse d'oie.

Les mouillez avec un peu de vin blanc et les laissez rendre leur jus.

Rajoutez le reste du vin et laissez mijoter 10 min.

Incorporez les 50 cl de fond de veau et laissez réduire de moitié, puis mettez les cornichons.

Sauce bourguignonne

3 échalotes
1 c à soupe de graisse d'oie
30 cl de vin rouge
(de bourgogne)
50 cl de fond de veau
sel, poivre

Hachez les échalotes en fins morceaux, faîtes les revenir dans une casserole avec la graisse d'oie, et un peu de vin rouge. Puis versez le reste du vin rouge et laissez mijoter 10 minutes.

Ajoutez le fond de veau et attendez que la préparation devienne une sauce onctueuse.

Astuce : utilisez cette sauce sur des entrecôtes, des brochettes de viande rouge.

En accompagnement des viandes blanches et du canard, remplacez le vin rouge par du vin blanc !

Sauce beurre rouge

3 échalotes
100 g de beurre
40 cl de vin rouge
1 branche de thym
1 feuille de laurier
1 pincée de cannelle

Pelez et hachez les échalotes

Dans une casserole, faites cuire le vin, les échalotes, le laurier, le thym, la cannelle, sel et poivre. Puis laissez réduire jusqu'à obtenir un fond de liquide.

Ajoutez le beurre petit à petit tout en fouettant. Filtrez le tout.

Servez cette sauce avec du canard ou des poissons de mer comme le saumon ou la dorade.

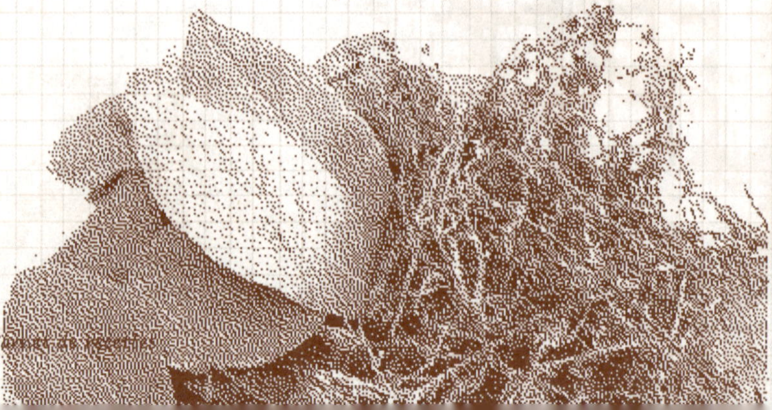

Sauce au vin rouge
(Façon mayonnaise)

2 jaunes d'œufs
6 cl de vin rouge
1 échalote
1 c à café de moutarde
15 cl d'huile végétale

Dans un grand bol, mettez les jaunes d'œufs avec le vin, l'échalote hachée, la moutarde, le sel et le poivre. Faites monter en versant de l'huile petit à petit comme pour obtenir une mayonnaise.

Servez en accompagnement de la fondue au vin.

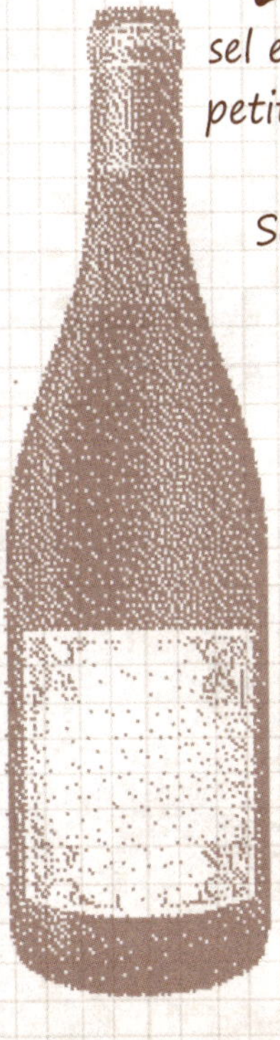

les Entrées

Soupe au vin rouge

Pour 4 personnes
2 navets
2 poireaux
3 carottes
1 oignon blanc (en lamelles)
1 bouteille de vin rouge
1 litre de bouillon de légumes
1 bouquet garni (persil, thym, laurier)
poivre

Lavez et coupez les navets, les poireaux, les carottes. Faites les revenir avec l'oignon.

Une fois que le mélange est doré, ajoutez le vin puis le bouquet garni.

Laissez bouillir pendant 30 min.

Ajoutez le bouillon et laissez mijoter à feu doux environ 1 heure.

Retirez le bouquet garni et servez chaud.

Potage au concombre

1 concombre
4 tomates
1 poivron rouge
1 poivron vert
1 gousse d'ail
1 oignon
1 c à soupe de jus de citron
1 litre de fond
de blanc de volaille
1 litre de vin blanc sec
4 tranches de pain
4 c à soupe d'huile d'olive

Frottez l'ail sur le pain puis pilez-le. Coupez finement l'oignon, ainsi que les tomates et le concombre en petits dés.

Nettoyez le poivron et faites en de fines lamelles.

Dans un grand saladier versez le fond blanc de volaille, le vin et le jus de citron. Rajoutez les tomates et le concombre, l'oignon, l'ai et les poivrons. Salez et poivrez.

Laissez refroidir pendant trois heures au réfrigérateur.

Au moment de servir, faites dorer les tranches de pain à l'huile d'olive, puis servez-les avec le potage comme croûtons.

Chorizo mariné au vin blanc

500 g de chorizo tranché
15 cl de vin blanc
1 oignon
2 c à soupe d'huile d'olive
poivre

Faites revenir l'oignon finement haché dans une sauteuse, puis ajoutez-y les rondelles de chorizo.

Laissez dorer 5 minutes tout en remuant.

Versez le vin blanc et portez à ébullition avec un peu de poivre. Couvrez et laissez mijoter 10 minutes à feu doux.

Laissez refroidir puis égouttez le chorizo.

Servez en apéritif avec des pics en bois.

Chou rouge du Nord

1 chou rouge
1 oignon
1 verre de vin rouge
15 cl de bouillon
noix de muscade
sel, poivre

Coupez le chou et l'oignon en petits morceaux, et dans une cocotte faîtes les revenir pendant une dizaine de minutes. Rajoutez le vin et le bouillon, une pincée de noix de muscade et laissez mijoter à feu doux pendant une heure.

Astuce : pour obtenir un petit goût sucré, vous pouvez ajouter des dés de pommes 20 minutes avant la fin de la cuisson !

Œufs pochés au vin

Pour 4 personnes

8 œufs
50 cl de vin rouge
50 cl de bouillon de volaille
8 fines tranches de pain de campagne
2 c à soupe de vinaigre de vin
1 c à soupe de farine
100 g d'oignons
2 gousses d'ail
thym
40 g de beurre
3 c à soupe d'huile

Dans une casserole, faites revenir les oignons émincés dans 20 g de beurre puis ajoutez le vin et le thym. Laissez mijoter environ 10 min en couvrant.

Mélangez la farine et le beurre restant et rajoutez aux oignons en remuant bien. Salez et poivrez. Maintenez à feu doux 10 min.

Frottez les gousses d'ail pelées sur les tranches de pain. Puis faites dorer ces dernières dans l'huile.

Portez à ébullition le bouillon avec le vinaigre. Réduisez le feu et pochez les œufs dedans.

Cassez un œuf et versez celui-ci rapidement dans le bouillon frémissant.

Retirez chaque œuf avec une écumoire au bout de 3 min, et égouttez-les bien.

Disposez-les ensuite sur les tranches de pain et arrosez-les de la sauce (en enlevant le thym).

Cake du sud au vin rouge

200 g de beurre fondu tiède
100 g de parmesan
4 œufs
3 tomates séchées en petits morceaux
olives noires dénoyautées
une poignée de persil haché
1 grand verre de vin rouge
250 g de farine
1 sachet de levure

Préchauffer le four à 180 °

Faites fondre le beurre. Puis mélangez le aux restes des ingrédients en finissant par la farine et la levure et obtenez une pâte homogène.

Versez cette dernière dans un moule à cake beurré.

Faites cuire environ 45 min au four.

Coulis de poivrons verts

Pour 6 personnes

1 kg de poivrons verts
2 c à soupe d'huile d'olive
¼ litre de vin blanc sec
20 cl de crème fraîche liquide à 8 %
ciboulette fraîche

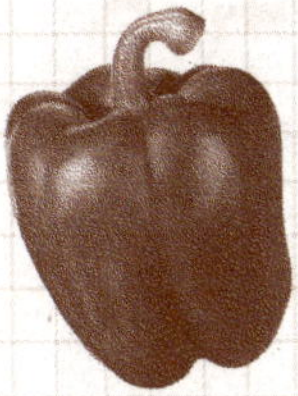

Nettoyez les poivrons puis émincez-les finement.

Faites-les cuire doucement à l'étouffée pendant 10 minutes.

Versez 10 cl d'eau bouillante et le vin blanc. Salez et poivrez.

Laissez mijoter à petit feu environ 45 minutes.

Mixez le tout pour obtenir une fine purée.

Remettez dans la casserole avec la crème fraîche afin d'avoir une préparation onctueuse.

Au moment de servir, parsemez de ciboulette fraîchement hachée.

Haricots rouges mijotés

Pour 6 personnes

800 g d'haricots rouges
1 oignon
1 gousse d'ail
2 tranches de poitrine fumée
1 c à soupe de farine
25 cl de bouillon de volaille
50 cl de vin rouge
1 bouquet garni

Faites dorer l'oignon émincé dans une cocotte. Puis ajoutez la poitrine fumée et l'ail haché. Remuez 1 min en versant la farine.

Versez le bouillon puis les haricots. Remuez bien en rajoutant un peu de sel et de poivre.

Mettez le vin et le bouquet garni. Fermez la cocotte et laissez cuire à feu doux environ 1 heure.

Terrine de lapin en gelée

1 lapin de 1,5 kg environ
2 échalotes
1 gousse d ail
1 branche de romarin
1 brin de persil
sel poivre
¼ l de vin blanc sec
200 g de poitrine fumée en fines tranches
½ de gelée

Désossez le lapin la veille. Faites mariner avec les échalotes, l'ail, le romarin, le persil, le sel et poivre ainsi que le vin blanc. Puis le jour suivant, tapissez une terrine de bardes de lard, remplissez avec le lapin, ajoutez la marinade filtrée, ajoutez un peu de gelée pour couvrir la viande. Recouvrez de bardes de lard et faites cuire 30 min à four chaud puis 1h30 à four moyen.

Laissez refroidir, puis recouvrez avec le restant de gelée, servez avec une salade.

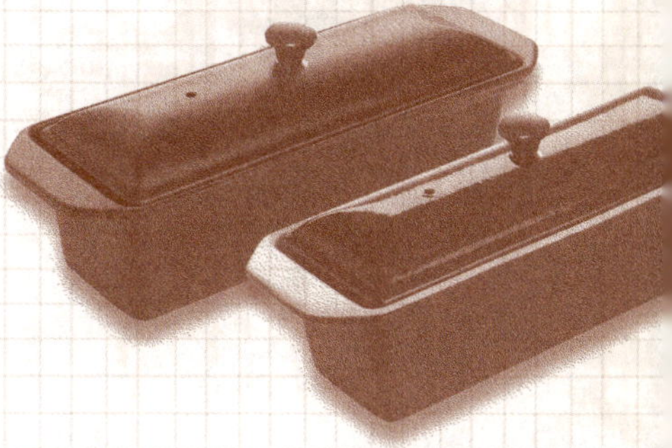

Tarte aux légumes

1 pâte brisée
2 poireaux
1 carotte
1/2 petit chou frisé
10 cl de vin blanc
20 cl de crème liquide
125 g de fromage râpé
Sel et poivre
20 g de beurre

Préchauffez le four à 180°C (th.6).

Lavez et hachez le poireau en rondelle, en utilisant aussi la partie verte. Pelez la carotte et coupez-la en rondelles. Lavez le chou et hachez-le. Dans une marmite, faites fondre le beurre sans qu'il ne noircisse et faites revenir les légumes, en les faisant fondre tout doucement. Versez ensuite le vin blanc et mélangez. Laissez évaporer, puis ajoutez la crème, mélangez le tout, salez et poivrez. Ajoutez le fromage râpé et mélangez.

Étalez la pâte dans un moule et piquez-la à l'aide d'une fourchette.Versez la préparation sur le fond de tarte et répartissez bien. Enfournez pendant 1/2 heure.

HOCHSTEIN DEL.
SF. ARS Sr.

les Plats

Fondue aux fromages

Pour 6 personnes

1,2 kg de fromages
(en général 1/3 de Comté,
1/3 d'Emmenthal,
1/3 de Beaufort)
50 cl de vin blanc sec de savoie
1 gousse d'ail
1 c à soupe de fécule de maïs
5 cl d'eau de vie
(kirsch ou de prune)
500 g de pain de campagne
Poivre

Frottez l'intérieur du poêlon avec de l'ail et laissez en un peu écrasé.

Portez doucement à ébullition le vin blanc puis incorporez le fromage coupé en lamelles assez fines. Remuez légèrement. Quand le fromage est bien fondu, versez la fécule préalablement délayée dans l'eau de vie. Poivrez. Mélangez jusqu'à obtenir une forme homogène.

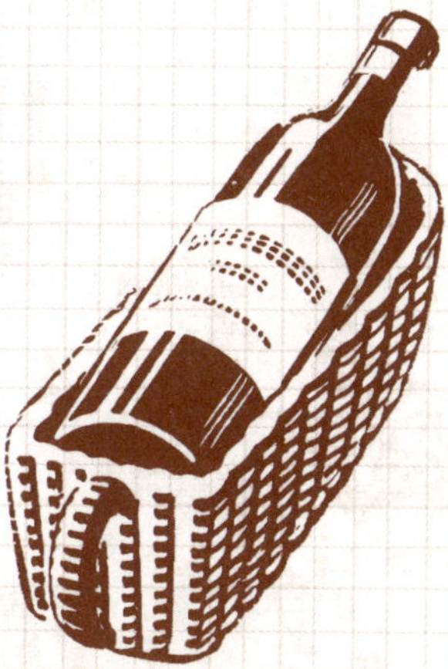

Mettez le poêlon sur le réchaud. Accompagnez d'une corbeille de pain coupé en cubes pour tremper dans la fondue à l'aide de pique.

Fondue au vin rouge

Pour 6 personnes

1, 5 kg de viande de bœuf
1 bouteille de vin rouge
1 carotte
1 oignon
2 échalotes
1 gousse d'ail
1 bouquet garni

Dans un poêlon à fondue, mettez la carotte coupée en rondelles, l'oignon, les échalotes émincées et l'ail haché. Versez le vin et le bouquet garni. Salez et poivrez.

Faites chauffer au maximum pendant 15 min.

Découpez la viande en cubes. Puis trempez à l'aide d'un pique dans le bouillon.

Accompagnez de la sauce au vin rouge.

Croûte au fromage

Pour 4 personnes

4 tranches
de pain de campagne
1 verre de vin blanc de Savoie
1 gousse d'ail
4 tranches de poitrine fumée
4 tranches fines de fromages
(Beaufort ou Comté)
4 œufs
noix de muscade (en poudre)

Frottez l'ail sur les tranches de pain. Trempez-les dans le vin blanc. Puis disposez-les dans un plat au four.

Mettez successivement une tranche de poitrine fumée puis le fromage sur chaque tranche de pain.

Enfournez 20 min à 250 c°. Saupoudrez d'une pincée de noix de muscade, puis placez sur chaque tranche un œuf cuit sur le plat.

Poêlee montagnarde

Pour 4 personnes
1 kg de pommes de terre
250 g de lardons
250 g de fromage (Abondance)
20 cl de vin blanc de Savoie
1 oignon

Faites dorer l'oignon émincé dans du beurre. Incorporez les pommes de terre coupées en dés et les lardons, et continuez à dorer 15 min.

Versez le vin et le fromage découpé en lamelles.

Poivrez et laisser à feu doux environ 10 minutes.

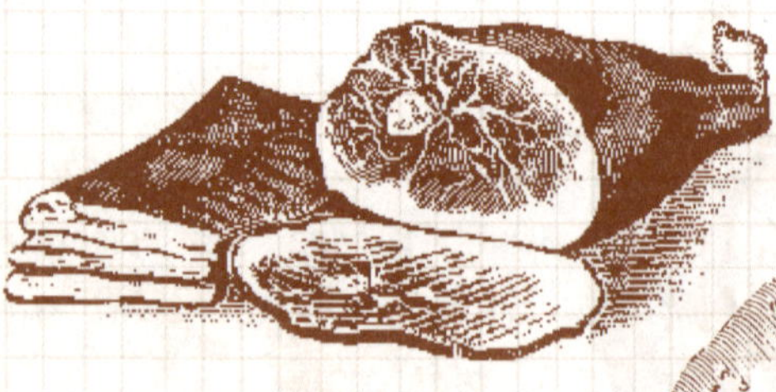

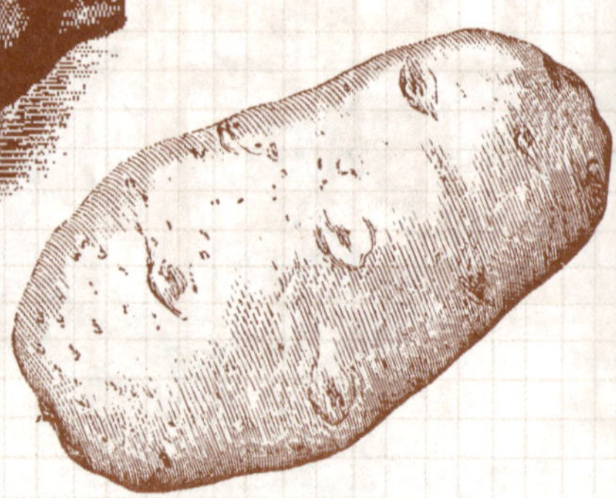

Blanquette de lapin

1 lapin (environ 1,5 kg)
50 g de beurre
1 oignon émincé
100 g de lardons
75 g de farine
15 cl de bouillon de volaille
1 dl de vin blanc
1 jaune d'œuf
bouquet garni
sel, poivre

Coupez le lapin en morceaux. Faites revenir dans le beurre.

Ajoutez l'oignon émincé, les lardons et laissez dorer.

Saupoudrez de farine et mouillez de bouillon à hauteur.

Ajoutez le vin blanc et le bouquet garni. Salez et poivrez.

Laissez mijoter 1 heure.

Liez la sauce avec le jaune d'œuf.

Ratatouille aux artichauts

4 petits artichauts pointus
3 petits oignons
3 poireaux
1 kg de tomates
20 g de beurre
3 c. à soupe d'huile
2 dl de vin blanc sec
1 dl de bouillon de volaille
1 gousse d'ail
bouquet garni

Parez les petits artichauts et coupez-les en quatre.

Otez le foin et citronnez.

Pelez les petits oignons, nettoyez les poireaux, pelez les tomates et concassez-les.

Mettez tous ces légumes dans un mélange beurre et huile chaud. Mouillez de 2 dl de vin blanc sec et de 1 dl de bouillon.

Assaisonnez, ajoutez la gousse d'ail et le bouquet garni.

Laissez mijoter à couvert 30 minutes.

Servez chaud avec une grillade.

Cuisses de grenouilles provencales

2 douzaines de cuisses de grenouilles surgelées
4 gousses d'ail
3 c. à soupe d'huile
1 ½ dl de vin blanc sec
1 grosse poignée de persil haché
thym, laurier,
sel, poivre

Disposez les cuisses de grenouilles encore gelées dans un plat huilé allant au four.

D'autre part, faites fondre les gousses d'ail hachées menues dans l'huile. Mouillez de vin blanc, ajoutez le persil, le thym et le laurier.

Versez dans un plat, et assaisonnez.

Couvrez le plat d'un papier de cuisson et faites cuire à four chaud préchauffé 25 min.

Ajoutez au besoin pendant la cuisson un peu de vin blanc.

Légumes rôtis au vin blanc

50 g de beurre
60 cl de jus de pomme
30 cl de vin blanc sec
400 g de navets
400 g de panais
500 g de carottes
500 g de patates douces
400 g de rutabaga
sel et poivre du moulin

Préchauffez le four à 220 °C (thermostat 7/8).

Dans une cocotte, faites bouillir le jus de pomme et le vin, jusqu'à ce qu'ils aient réduit de plus de moitié. En battant continuellement avec un fouet, incorporez le beurre.

Epluchez et coupez tous les légumes en dés de 2 cm environ. Répartissez-les dans un grand plat à gratin puis versez dessus la préparation de jus de pomme et de vin. Saupoudrez de sel et de poivre et bien remuez le tout.

Faites cuire les légumes au four pendant environ 40 minutes en les remuant de temps à autres, jusqu'à ce qu'ils soient bien tendres.

Gigot d'agneau au vin rouge

1 gigot d'agneau de 1,2 kg
1 c à soupe d'huile
30 g de beurre
40 cl de vin rouge
1 gousse d'ail
2 oignons
2 carottes
2 branches de thym
1 pot de confit de vin
gingembre en poudre
sel, poivre

Frottez toute la surface du gigot avec l'ail. Assaisonnez de sel et de poivre et saupoudrez de gingembre. Saisissez-le à feu moyen dans une casserole afin de lui donner une belle couleur dorée sur tous les côtés. Retirez-le et réservez de coté. Dans cette même casserole, faites fondre le beurre et faites revenir les carottes et les oignons qui auront été taillés en julienne. Quand les légumes sont dorés, transvasez-les dans un plat pouvant aller au four. Placez sur le dessus le gigot et le thym. Faites cuire à four chaud (220°C) pendant 20 min. Mouillez au vin rouge et rajoutez la valeur d'un pot de «confit de vin».

Baissez la température du four à 180°C et continuez la cuisson pendant 1h15 en arrosant fréquemment le gigot de jus de cuisson. Si besoin est, rajoutez un peu d'eau en cours de cuisson. Au terme de la cuisson, réservez le gigot au chaud dans le plat de service.

Passez au chinois le fond de cuisson et le faire réduire d'un tiers environ. Dégraissez le jus obtenu. Rectifiez l'assaisonnement.

Servez le gigot nappé de sauce.

les Poissons et fruits de mer

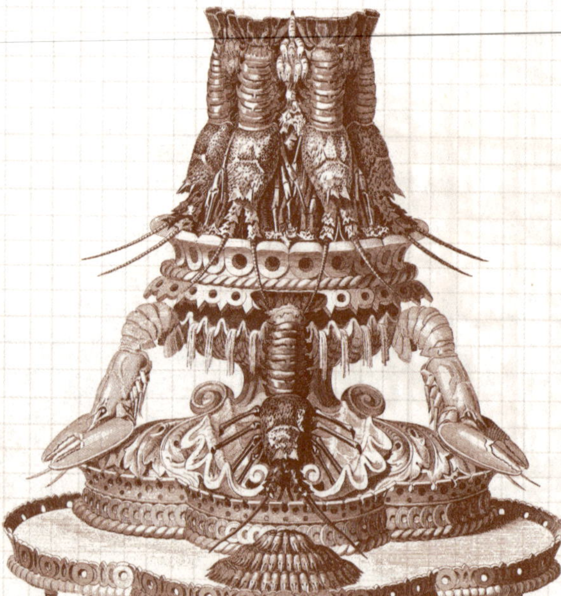

Ecrevisses à la Bordelaise

Pour 4 personnes

2 kg d'écrevisses vivantes
100 g de carottes
100 g d'oignons
75 g d'échalotes
1 gousse d'ail
1 bouquet garni
50 cl de vin blanc
15 cl de Cognac
40 cl de fumet de poisson
25 g de concentré
de tomate
1 branche d'estragon
beurre
piment de Cayenne

Coupez en petits dés les carottes, les oignons et les échalotes. Faites les fondre dans un faitout avec du beurre.

Mettez les écrevisses et remuez bien.

Flambez au Cognac. Ajoutez le vin et le fumet de poisson, puis le concentré de tomates, l'ail écrasé, le bouquet garni et l'estragon. Salez et poivrez.

Laissez mijoter à couvert environ 8 minutes.

Récupérez les écrevisses et mettez-les de coté au chaud.

Filtrez la sauce et laissez-la réduire de moitié.

Ensuite montez la sauce au beurre.

Servez les écrevisses arrosées de cette sauce.

Saint-Jacques au vin blanc sur lit de légumes

Pour 2 personnes
12 Saint-Jacques avec le corail
6 crevettes décortiquées
2 poireaux
3 carottes
3 échalotes
3 oignons
1 bouquet de persil
2 verre de vin blanc
3 c.à soupe de crème fraîche
sel, poivre
huile d'olive

Lavez et coupez finement en lamelles les carottes. Lavez et émincez les poireaux. Faites-les revenir dans l'huile d'olive avec 1 échalote et 1 oignon. Faites-les cuire à peu près 30 min.

1/4 d'heure avant la fin de la cuisson des légumes, faites revenir les Saint-Jacques dans l'huile d'olive puis versez dessus le mélange des 2 oignons, des 2 échalotes et du persil préalablement haché le plus fin possible. Ajoutez les crevettes.

Mélangez et ajoutez immédiatement les 2 verres de vin blanc. Laissez mijoter 15 min.

En fin de cuisson, ajoutez la crème fraîche.

Servez à l'assiette. Présentez les légumes au fond d'une assiette chaude, déposez dessus les Saint-Jacques et arrosez avec la sauce.

Conseil : vous pouvez servir ce plat en entrée, dans ce cas ne disposez que 4 Saint-Jacques par assiette.

Harengs de la Baltique

Pour 6 personnes
6 harengs moyens
3 pommes (reinettes)
1/2 citron
2 gros oignons
25 cl de crème fraîche
gros sel

pour la marinade
50 cl de vin blanc sec
10 cl de vinaigre de vin

Nettoyez les harengs préalablement vidés et écaillés, enlevez la tête, les queues et l'arête centrale. Gardez les laitances pour plus tard.

Mettez les dans de l'eau froide pendant 1 heure.

Ensuite essorez-les et laissez-les dégorger avec du gros sel environ 2 heures.

Préparez en attendant la marinade. Portez à ébullition le vin et le vinaigre avec sel et poivre. Puis laissez refroidir.

Rincez les harengs et mettez les dans la marinade avec les laitances. Portez à ébullition et laissez mijoter 10 min.

Puis laissez mariner pendant 2 jours. Retirez et égouttez les poissons. Mélangez la crème fraîche avec 2 cuillérées à soupe de marinade, un peu de sel et de poivre.

Présentez les harengs recouverts de rondelles de pommes et d'oignons arrosés de crème.

Moules marinières

Pour 6 personnes
2 à 3 kg de moules
2 oignons
100 g de beurre
50 cl de vin blanc sec
persil
jus d'½ citron

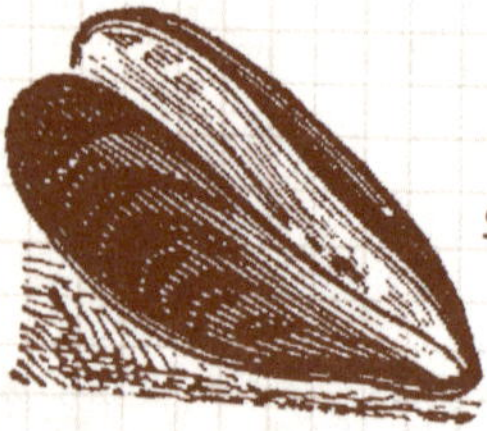

Nettoyez correctement les moules et retirez celles qui sont ouvertes.

Hachez les oignons et le persil. Dans une marmite, faites fondre les oignons dans le beurre à feu doux. Puis ajoutez le vin blanc, le jus de citron et le persil. Laissez cuire à feu vif.

Mettez-y les moules et remuez jusqu'à ce que toutes les moules s'ouvrent. Puis servez-les encore chaude.

Moules au curry

Pour 4 personnes
6 litres de moules
40 cl de vin blanc moelleux
2 oignons finement émincés
3 c à café
de curry en poudre
40 g de beurre

Emincez finement les oignons, faites-les revenir dans le beurre. Saupoudrez-les ensuite avec le curry.

Ajoutez les moules, mélangez, couvrez la cocotte et laissez cuire 3 min avant de remuer et de versez le vin blanc.

Laissez cuire jusqu'à ce que les moules soient toutes ouvertes (pas plus de 10 minutes).

Servez accompagné d'une salade verte.

Filets de perche à la moutarde et au Sancerre

Pour 4 personnes

4 filets de perche
2 litres de fumet de poisson
25 cl de Sancerre
1 c à soupe de moutarde
1 branche d'estragon
2 échalotes
20 g de beurre
2 c à soupe de crème fraîche
1 bouquet de ciboulette
2 jaunes d'œufs

Faites revenir 1 échalote hachée et l'estragon avec le vin.

Faites réduire de moitié. Rajoutez la crème fraîche, la moutarde, sel, poivre puis tout en remuant les jaunes d'œufs et le beurre.

Laissez à feu doux 10 min puis ajoutez au moment de servir le reste de l'échalote hachée et la ciboulette ciselée.

Pochez les filets de perche 4 min dans le fumet de poisson. Disposez-les dans un plat et arrosez de sauce.

Matelote d'anguille

1 anguille
1 litre de bon vin rouge
sel, poivre
500 g de champignons de Paris
1 gousse d'ail
3 oignons
2 c à soupe de farine
30 g de beurre

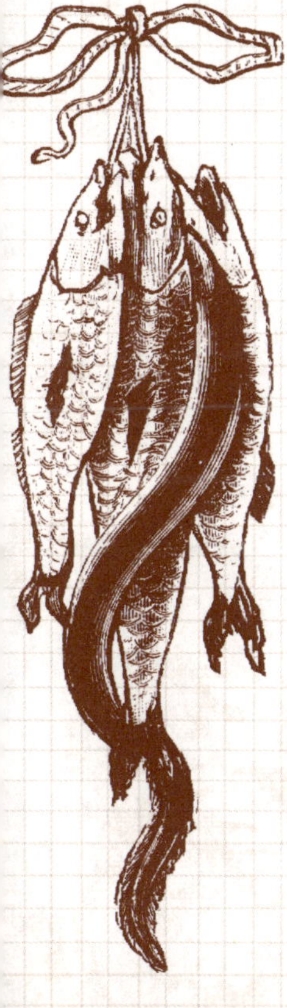

Faites fondre le beurre dans une cocotte, ajoutez les oignons et l'ail, saupoudrez de farine, puis mouillez avec le vin rouge, salez et poivrez.

Laissez cuire pendant 30 minutes, ajoutez les champignons et laissez cuire 15 minutes.

Ajoutez les tronçons d'anguilles et laissez mijoter pendant 20 minutes.

Servez avec des croûtons passés au beurre.

Maquereaux Boulangère

1 kg de pommes de terre
2 oignons
2 dl de vin blanc sec
4 maquereaux
40 g de beurre

Faites cuire à la vapeur la moitié des pommes de terre avec leur peau.

Pelez et émincez les oignons. Beurrez un plat à gratin, recouvrez le fond avec les oignons et les pommes de terre épluchées et coupées en rondelles.

Posez par dessus les maquereaux, salez et poivrez, versez le vin blanc sec, disposez le beurre en parcelles

Faites cuire 30 min au four chaud.

Filets de maquereaux au vin blanc et à la moutarde

Pour 4 personnes

8 filets de maquereaux
2 tomates
1 oignon
½ c à café de poivre vert
1 bouquet de persil
20 cl de vin blanc
1 c à soupe de moutarde

Préchauffez le four à 210 °c

Mélangez la moutarde au vin blanc, et poivrez.

Disposez les filets dans un plat au four, versez le vin blanc et rajoutez l'oignon haché et du persil ciselé. Salez.

Pelez les tomates (en les ébouillantant) et coupez-les en rondelles.

Disposez les rondelles de tomates sur les filets de poisson et enfournez à 210 °c environ 15 min.

Saumon aux groseilles

Pour 4 personnes

4 filets de saumon

pour le fumet :

800 g de parures de poisson blanc
1 carotte
1 échalote
1 bouquet garni
2 l d'eau
sel, poivre

pour la sauce :

¼ l de vin blanc sec
150 g de crème fraîche
300 g de groseilles à maquereaux

Mettez dans une casserole les parures de poisson, les légumes émincés, le bouquet garni, le sel et le poivre.

Mouillez avec de l'eau et faites cuire pendant 1 heure.

Filtrez et remettez sur le feu avec le vin blanc.

Faites pocher les filets de poisson dans ce fumet pendant 6 min.

Egouttez et gardez-les au chaud sur un plat recouvert d'aluminium.

Laissez réduire le liquide de cuisson pour obtenir 1/4 de litre environ.

Ajoutez la crème et rectifiez l'assaisonnement. Ajoutez les groseilles bien lavées, et laissez cuire pendant encore 1 min. Recouvrez les filets de poisson de cette sauce.

Saumon nordique

Pour 8 personnes

1 saumon de 2 kg
(vidé, lavé et écaillé)
40 cl de vin blanc
500 g de crème fraîche
1 kg de concombres
100 g de beurre
brins d'aneth

Préchauffez le four à 250 c°. Salez et poivrez le saumon à l'intérieur.

Disposez-le dans un plat au four, rajoutez le vin et la crème. Mettez au four 15 min puis 30 min à 200 c°.

Coupez les concombres épluchés en bâtonnets. Faites les revenir dans 50 g de beurre avec du sel et du poivre, en les gardant un minimum croquant.

Retirez le poisson, enlevez la peau. Récupérez la sauce, et faites la réduire dans une casserole avec 50g de beurre en fouettant.

Disposez le saumon sur une assiette arrosée de la sauce accompagnée des concombres. Agrémentez d'aneth haché.

Rougets à la Bordelaise

Pour 4 personnes

8 filets de rougets
30 cl de vin rouge
(Bordeaux de préférence)
2 échalotes
35 g de beurre
1 c à soupe de farine
1 Branche de thym

Préparez la sauce en faisant revenir les échalotes dans du beurre. Puis incorporez la farine quand ils commencent à brunir. Rajoutez le vin et le thym et laissez réduire 10 min.

Préchauffez le four à 210°c.

Placez une noisette de beurre avec du sel et du poivre dans les filets de rouget. Puis roulez-les, et maintenez avec un pique en bois.

Mettez-les dans un plat au four et versez la sauce dessus.

Enfournez pendant 15 min. Une fois le beurre fondu et remonté à la surface vous pouvez servir.

Truites aux raisins verts

Pour 4 personnes

4 truites vidées
100 g de raisins blancs (encore verts)
50 g d'échalotes hachées
60 g de beurre
50 cl de vin blanc
15 g de farine
15 cl de crème fraîche
½ citron
ciboulette

Plongez les raisins dans l'eau bouillante puis pelez-les.

Faites revenir les échalotes dans une sauteuse avec 45 g de beurre.

Salez et poivrez les truites puis déposez-les sur les échalotes. Arrosez de vin et laissez cuire 10 min.

Retirez les truites et enlevez la peau. Réduisez le fond de cuisson, rajoutez-y 15 g de beurre mélangé à la farine, ainsi que la crème. Laissez cuire en citronnant un peu.

Servez les truites nappées de la sauce avec un peu de ciboulette et de raisins.

les Viandes et les Volailles

Cuisses de dinde au vin blanc

Pour 4 personnes

4 cuisses de dinde
25 cl de vin blanc sec
3 oignons
2 échalotes
persil
laurier
thym
2 gousses d'ail
1 citron
2 c à soupe d'huile d'olive

Faites mariner la dinde avec les oignons et les échalotes épluchées et coupées en morceaux, le persil haché, des petites branches de thym, une feuille de laurier et l'ail écrasé.

Versez 1 cuillérée d'huile et un léger filet de jus de citron. Mettez au réfrigérateur pendant 12 heures.

Récupérez les cuisses, disposez-les dans un plat au four. Versez la marinade avec le vin et 20 cl d'eau. Enfournez à 240 c° pendant 1 heure en arrosant de temps en temps.

Servez les cuisses de dinde dans un plat, la sauce à part.

Escalopes de dinde au vin rouge

Pour 4 personnes

4 escalopes de dinde
10 cl de vin rouge
riz
thym

Découpez la dinde en petits cubes. Faites les dorer dans une poêle. Ensuite salez, poivrez et rajoutez le vin et le thym. Laissez chauffer 10 min à feu doux.

Faites cuire le riz façon pilaf et servez-le avec les morceaux de dindes. Arrosez le riz de la sauce.

Coq au vin

1 coq ou 2 kg de poulet
1 vingtaine de petits oignons blancs
1 grosse gousse d'ail
200 g de lardons ou 100 g de magret de canard fumé
200 g de champignons de paris
1 c à soupe d'huile
2 c à soupe de farine
1 verre à liqueur de cognac
1 litre de vin rouge
1 bouquet garni (persil, laurier, thym)
1 carotte
1 oignon blanc piqué de 3 clous de girofle
sel, poivre

Faites une marinade en utilisant le vin, l'oignon piqué de clous de girofle, le bouquet garni, la carotte et l'ail concassé.

Baeckeoffe

Pour 4 personnes

500 g de jarret de bœuf
500 g d'épaule d'agneau
ou mouton sans os
400 g d'épaule de porc
1,5 kg de pommes de terre
2 gros oignons
2 petites carottes
2 gousses d'ail
1 bouquet garni
1 litre de vin blanc d'alsace
(Riesling)
farine

Coupez la viande en morceaux de même taille. Laissez mariner 12 heures avec les oignons et l'ail émincés, le vin, les carottes en rondelles, le bouquet garni et du poivre.

Dans un plat à baeckeoffe, disposez une couche de rondelles de pommes de terre, une couche de viande et ainsi de suite. Versez la marinade et salez.

Mélangez la farine avec de l'eau pour former un ruban qui va permettre de souder le couvercle.

Fermez et faites cuire 3 heures minimum à 180 °c. Plus il cuit, meilleur il est.

Bœuf bourguignon

1,2 kg de bœuf à braiser
(jumeau ou macreuse)
150 g de poitrine fumée
2 carottes
1 gros oignon
1 gousse d'ail
200 g de petits oignons blancs
40 cl de vin rouge de bourgogne
30 cl de bouillon de bœuf
3 brins de persil
2 c à soupe d'huile

Coupez la viande en cubes. Emincez l'ail et le gros oignon.

Faites des lardons et de la poitrine fumée. Epluchez et coupez les carottes en rondelles.

Dans une cocotte, faites revenir les lardons dans l'huile environ 5 min puis ajoutez les carottes, l'ail et les petits oignons épluchés en laissant un peu de leur tige verte.

Laissez dorer environ 5 min, puis égouttez.

Mettez la viande dans la cocotte et faites dorer tous les cotés. Rajoutez les lardons et les légumes mais sans les petits oignons.

Versez le vin et le bouillon. Salez, poivrez et ajoutez des brins de persil. Laissez mijoter à feu moyen pendant 2 heures 30.

Remettez les petits oignons 15 min avant la fin de cuisson.

Daube de Mémé Jacotte

2 kg de bœuf coupé
en morceaux
(paleron ou gite)
2 tête d'ail
1 litre de vin rouge
(côtes du rhône)
3 c à soupe
d'huile d'olive
sel, poivre

Faites chauffer l'huile dans une cocotte et faites revenir la viande. Ajoutez l'ail, le sel et le poivre. Arrosez avec le vin rouge petit à petit jusqu'à la recouvrir, portez à ébullition entre chaque apport de vin.

Mettez un couvercle avec réserve d'eau ou alors une assiette creuse remplie à moitié d'eau.

Surveillez qu'il reste toujours un peu d'eau dans l'assiette.

Faites mijoter 3 heures.

Si vous la faites réchauffer le lendemain, ôtez le couvercle.

Conseil : Ce plat peut se préparer la veille, il n'en sera que meilleur.

Daube provencale

Pour 8 personnes

2 kg de viande de bœuf
(coupée en dés)
100 g de poitrine fumée
1 litre de vin rouge
(de côtes du Rhône,
Gigondas de préférence)
200 g d'olives noires
1 oignon, 1 carotte
2 gousses d'ail
2 clous de girofle, 1 bouquet garni
1 morceau d'écorce d'orange amère
3 c à soupe d'huile d'olive

Faites mariner la viande avec l'oignon et la carotte coupées finement, l'ail haché, le bouquet garni, les clous de girofle, le morceau d'écorce d'orange et le vin.

Salez, poivrez et laissez 24 heures au frais.

Retirez la viande et faites bien revenir tous les cotés dans une sauteuse avec la poitrine fumée coupée en petits dés. Puis mettez-les dans une cocotte.

Versez la marinade dans la sauteuse et portez à ébullition pendant 5 min.

Puis versez dans la cocotte avec la viande. Fermez la cocotte et laissez cuire environ 2 heures 30 à feu doux.

Avant de servir, rajoutez les olives et un peu d'huile d'olive. Servez accompagné de pâtes ou pommes de terre.

Lapin au vin rouge

1 lapin d'1,5 kg
(coupé en morceaux)
3 carottes
2 oignons
1 gousse d'ail
1,5 litres de vin rouge
1 bouquet garni
1 c à soupe d'huile d'olive
4 c à soupe de farine

Faites mariner 24 heures le lapin avec les carottes en rondelles, l'oignon et l'ail coupés en deux, l'huile, le bouquet garni, du sel, du poivre et le vin rouge.

Retirez la garniture et faites-la réduire dans une poêle avec un peu d'huile.

Incorporez-la de nouveau dans la marinade environ 10 min. Faites revenir les morceaux de lapin puis saupoudrez-les de farine.

Enlevez de nouveau la garniture et remettez à la place le lapin.
Laissez cuire pendant 1 heure et servez.

Osso bucco

Pour 6 personnes

6 rouelles de jarret de veau
ou 1 kg 200
de jarret de veau
500 g de carottes
500 g d'oignons
1 pied de céleri en branches
2 gousses d'ail
1 bouquet garni
20 cl de vin blanc
1 verre d'huile d'olive
1 c à soupe de farine

Dans la cocotte où cuira l'osso bucco, mettez 3 cuillérées à soupe d'huile d'olive, les carottes, les côtes du céleri, les oignons et l'ail grossièrement hachés, portez sur petit feu.

Faites fondre sans laisser colorer, en remuant de temps en temps, pendant 30 minutes environ. Pendant ce temps, passez les morceaux de veau dans la farine, secouez pour faire tomber l'excès, et faites-les dorer à la poêle dans le reste de l'huile.

Lorsque les légumes sont à point, ajoutez-leur la viande. Mouillez avec le vin blanc et un peu d'eau pour que le liquide affleure la viande.

Mettez le bouquet, salez, poivrez, couvrez. Faites mijoter à petit feu pendant 1 heure au moins.

Servez avec des pâtes au beurre frais, du gruyère ou du parmesan râpé.

Rôti de porc à la moutarde

Pour 4 personnes

1 rôti de porc de 600 g
4 c à soupe de moutarde
1 gousse d'ail
30 cl de vin blanc
thym

Préchauffez le four à 240 °c.

Disposez de la moutarde sur toutes les faces du rôti. Piquez des morceaux d'ail sur le dessus et parsemez de thym.

Mettez le rôti dans un plat au four. Rajoutez les 2/3 du vin blanc.

Enfournez à 210 °c pendant environ 20 min. Retournez le rôti, remettez de la moutarde si besoin, et continuez à cuire 20 min.

Déglacez avec le reste de vin blanc pour obtenir une sauce.

Pour accompagner, vous pouvez rajouter des morceaux de pomme de terre pendant la cuisson.

Pied de porc à la Sainte Menehould

Pour 4 personnes
4 pieds de porc
(coupés en deux,
nettoyés et préparés
[passés à la flamme])
2 oignons
1 carotte
1 bouquet garni
clous de girofle
50 cl de vin blanc sec
2 jaunes d'œufs
chapelure

Dans une cocotte mettez la carotte en rondelle, un oignon émincé, un oignon épluché et piqué de 2 clous de girofle, le bouquet garni et le vin blanc.

Ficelez les pieds de porc avec de la ficelle à rôti, et mettez-les dans la cocotte. Rajoutez de l'eau, du sel et du poivre. Portez à ébullition et laissez mijoter à feu doux environ 2 heures.

Retirez les pieds de porc et déficelez-les.

Une fois refroidis, panez-les. Pour cela passez-les dans une assiette d'œufs battus en omelette puis dans la chapelure.

Préchauffez le four sur la position « gril » et la température maximale.

Enfournez-les en ajoutant une noisette de beurre et laissez-les griller suffisamment.

(Certains les font panner à la poêle avec du beurre)

Servez chaud avec de la moutarde à l'ancienne et un vin blanc coteaux-champenois en accompagnement.

Emincé de veau au vin blanc

Pour 4 personnes

600 g d'émincé de veau
100 g de lardons
250 g de champignons de Paris
20 cl de vin blanc sec
1 c à soupe de farine
20 cl de crème fraîche
30 g de beurre

Faites revenir des petits dés de lardons dans une poêle. Ensuite enlevez-les.

Faites dorer le veau dans la poêle avec le beurre environ 5 min. Salez et poivrez.

Rajoutez les champignons coupés en lamelles et laissez encore 3 min.

Versez la farine puis le vin et remuez. Laissez réduire.

Incorporez la crème et les lardons, mélangez et continuez la cuisson encore 2 à 3 min.

Vous pouvez rajouter une cuillérée à soupe de moutarde pour un goût plus relevé.

Sauté de dinde à la Bourguignonne

Pour 4 personnes

600 g de sauté de dinde
20 cl de vin
de Bourgogne rouge
200 g de champignons
100 de lardons
1 gousse d'ail
1 oignon
1 noisette de beurre
1 c à soupe de farine

Faites revenir les morceaux de dinde avec le beurre et la farine. Versez tout le vin. Hachez l'ail et l'oignon et ajoutez-les dans la préparation. Coupez les champignons et ajoutez-les également ainsi que les lardons.

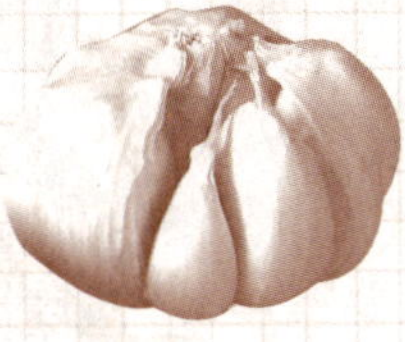

Laissez mijoter à feu moyen pendant 45 minutes environ.

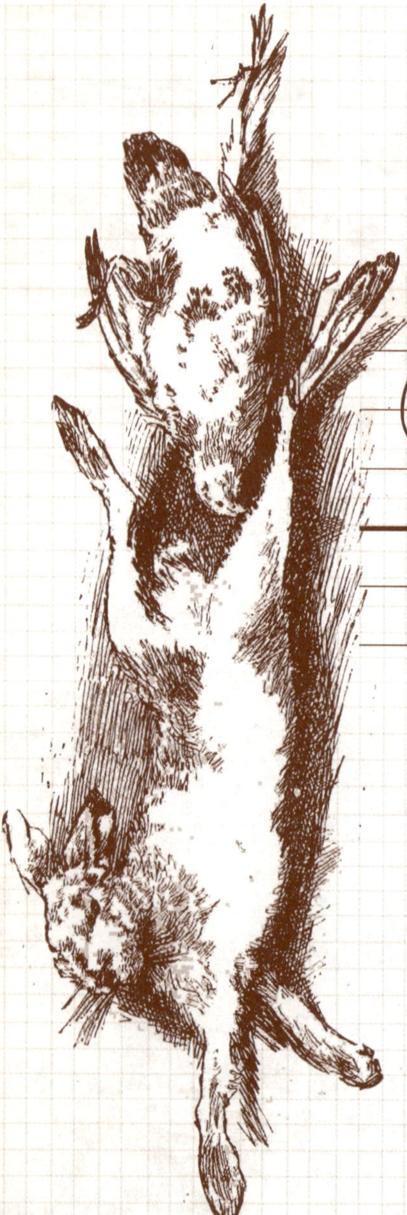

les Gibiers

Coq faisan au Gewurztraminer

1 coq de 1,5 kg
80 g de beurre
3 échalottes
200 g de champignons de Paris
1/4 litre de Gewurztraminer
2 dl de cognac
1 dl de crème
15 g de farine
sel et poivre.

Le coq, plumé, flambé, vidé sera coupé en 6 morceaux. Epluchez et émincez finement les échalottes. Nettoyez, lavez, égouttez et émincez les champignons.

Faites chauffer 50 g de beurre dans une sauteuse et placez-y les morceaux de coq, les cuisses en premier lieu. On mettra ensuite en cuisson les ailes puis la poitrine.

Ajoutez le hachis d'échalottes, laissez quelques minutes à feu modéré, après avoir mélangé.

Versez le cognac, augmentez la flamme et enflammez les vapeurs qui s'échappent.

Ajoutez les champignons, versez le vin. Laissez mijoter doucement à couvert pendant une demi-heure après avoir salé et poivré.

Retirez le coq et le disposez sur le plat de service.

Faites réduire le jus resté dans la sauteuse puis ajoutez la crème en laissant chauffer encore à feu doux quelques minutes pour lier la sauce.

On accompagne de nouilles fraîches ou de spätzele.

Faisan farci aux noix et raisins

1 beau faisan
100 g de lard fumé
1 poignée de noix
des raisins
1 carotte
1 oignon
1 dl de vin de bordeaux
100 g de beurre
250 g de pain de mie
1 bouquet garni
1 œuf
sel, poivre.

Pour la farce :
100 g de raisins secs
250 g de noix fraîches
1 petit verre d'armagnac
de la mie de pain
trempée dans du lait
1 œuf
sel, poivre.

Videz le faisan. Salez et poivrez l'intérieur.

Faites macérer les raisins dans l'Armagnac. Epluchez les noix.

Réservez-en 1 ou 2 cuillerées à soupe, pour la sauce.

Hachez les noix et le foie de l'animal.

Ajoutez à ce hachis, la mie de pain essorée, la moitié des raisins secs égouttés, l'œuf. Salez et poivrez.

Mélangez et farcissez-en le faisan. Cousez, ensuite, l'ouverture.

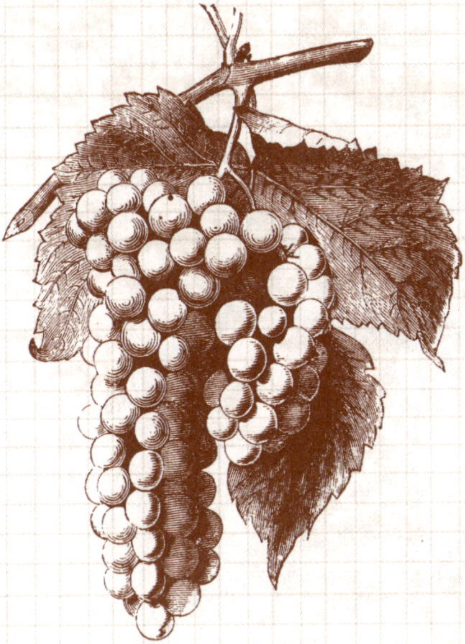

Chauffez le beurre dans une cocotte et rissolez le faisan de toutes parts, sans le piquer. Ajoutez le lard coupé en dés, le bouquet garni, la carotte, l'oignon et le vin.

Couvrez et laissez cuire doucement, une heure.

Sortez le faisan, réservez.

Faites bouillir le jus, ajoutez l'Armagnac –où les raisins ont macéré– et flambez.

Ajoutez les noix et les raisins restant.

Dressez sur un plat chaud, avec des croûtons frits et arrosez de sauce.

Fondue Saint-Hubert à base de gibier

600 à 800 g de chevreuil
ou de cerf,
pris dans le cuissot,
la joue ou la noix

La viande doit
être congelée pour
être finement tranchée
au coupe-jambon.
Elle se décongèle
à mesure.

Pour le bouillon
arômatique :
la valeur d'une cuillerée
à soupe de beurre
1 oignon haché
1 gousse d'ail écrasée
quelques brindilles de thym
2 baies de genièvre écrasées
2 verres de vin blanc sec
3 verres de bouillon de viande

Dans une casserole, chauffez le beurre et faites revenir ail, oignon, thym et genièvre, mouillez avec le vin, faites légèrement réduire, ajoutez le bouillon, laissez en ébullition 30 secondes. Salez et poivrez. Filtrez dans le poêlon à fondue.

Pour la sauce chasseur
qui accompagnera parfaitement le chevreuil :

1 c à soupe de beurre
1 échalote finement hachée
4 baies de genièvre écrasées
1 verre de bon vin rouge
1 verre de bouillon de viande
1 c à café de maïzena
3 c à soupe de gelée de groseilles
3 c à soupe de gin
sel, poivre

Chauffez le beurre et faites revenir échalote et genièvre. Mouillez avec le vin rouge, réduisez à 2 cuillerées à soupe de liquide. Ajoutez le bouillon, réduisez de moitié.

Passez au tamis, remettez en casserole, délayez la maïzena dans la crème fraîche, ajoutez à la sauce avec la gelée de groseille et le gin, assaisonnez, redonnez un bouillon quelques secondes et gardez au chaud au bain-marie jusqu'à utilisation.

Pour accompagner la fondue, préparez des petits bouquets de chou-fleur blanchis, des champignons de Paris cuits, coupés en deux. Faites réchauffer avec votre viande dans le bouillon.

A la fin du repas, vous filtrez le bouillon et vous le servez dans de petits bols.

Magrets de canard aux figues et au vin

Pour 4 personnes

2 magrets de canard
4 figues fraîches
30 cl de vin rouge
(bordeaux de préférence)
2 pincées de noix
de muscade
25 cl de fond brun

Faites revenir le côté de la peau des magrets 5 min. Retirez le surplus de graisse rendue, faites cuire l'autre coté 10 min.

Epluchez et coupez 2 figues en deux. Ajoutez-les aux magrets ainsi que le vin, la noix de muscade et un peu de poivre. Laissez mijoter 10 min.

Mettez de coté les magrets.

Réduisez le fond brun de moitié. Mixez la sauce de cuisson et ajoutez-la au fond brun. Laissez frémir 3 min.

Disposez les magrets en tranches dans un plat au four. Versez la sauce et passez sous le gril au four environ 3 min.

Servez les magrets accompagnés de tranches de figues fraîches.

Canard au vin

Pour 6 personnes

6 cuisses de canard
3 carottes
2 oignons
1 bouteille de vin rouge
(de Cahors ou Bergerac)
1 bouquet garni
graisse de canard ou d'oie

Préparez une marinade des cuisses avec les carottes taillées en julienne, les oignons émincés, le vin et le bouquet garni. Laissez mariner toute la nuit.

Le lendemain, retirez les cuisses de canard en les égouttant bien. Faites bien dorer tous les côtés dans une sauteuse.

Récupérez les carottes et les oignons et hachez-les finement.

Faites revenir ce mélange dans de la graisse de canard dans une grand casserole.

Mettez les cuisses de canard et le reste de marinade. Salez, poivrez et laissez mijoter 2 heures.

Civet de chevreuil au genièvre

Pour 4 personnes
1 kg de chevreuil
100 g de beurre
½ l de bon vin rouge
2 gousses d'ail
1 petit sachet
de grains de genièvre
2 oignons
thym
laurier
persil
sel, poivre

Ce plat peut se faire avec de la poitrine ou toute autre partie du chevreuil...

Coupez le chevreuil en morceaux, comme pour faire un civet de lièvre. Dans une cocotte, faites fondre le beurre pour y mettre à revenir les morceaux de chevreuil. Ajoutez le vin rouge et autant d'eau, le sel, le poivre, les oignons et l'ail coupés finement, le bouquet garni et le sachet de genièvre.

Laissez cuire 1 heure à feu moyen et à couvert. Eprouvez la cuisson en piquant la viande avec une fourchette, goûtez la sauce, rectifiez l'assaisonnement s'il y a lieu et continuez la cuisson si nécessaire. Si la sauce est trop longue, faites-la réduire en découvrant la cocotte.

Lorsque le civet est cuit, passez la sauce, dégraissez-la et si elle n'est pas assez épaisse à votre goût, ajoutez de la fécule en saupoudrant la sauce et en la battant au petit fouet.

Selle de chevreuil

Pour 8 personnes

2 kg de selle
ou échine de chevreuil
1 barde de lard
25 cl de crème fraîche épaisse
1 oignon
1 c à soupe
de gelée de groseille
1 c à soupe de farine
écorces d'oranges non traitées

pour la marinade :
50 cl de vin rouge
12 baies de genièvre
12 grains de poivre
2 feuilles de laurier

Dans une casserole, portez à ébullition le vin avec le poivre et les baies de genièvre et laissez refroidir.

Mettez la selle dans un grand plat en terre, et versez-y la marinade avec le laurier. Laissez macérer environ 12 heures en retournant quelquefois.

Préchauffez le four à 200 °C. Filtrez la marinade et versez la moitié dans un plat à rôtir (réservez l'autre moitié). Bardez la selle avec le lard (ou enduisez-la de saindoux) et disposez la dans le plat. Rajoutez l'oignon coupé en petits quartiers et le laurier.

Enfournez pour 45 min. Arrosez régulièrement avec le jus de cuisson.

Ensuite, enlevez la barde et remettez au four 45 min. Continuez d'arroser.

15 minutes avant la fin de cuisson, enduisez la selle de 5 cl de crème fraîche.

Si la cuisson est bonne (un jus un peu rosé doit s'écouler de la viande en plongeant une aiguille), découpez la selle en tranches sur un plat.

Portez à ébullition dans une casserole le jus de cuisson et le reste de la marinade. Rajoutez la farine, puis le reste de crème fraîche, la gelée et de fines écorces d'orange. Mélangez doucement et servez cette sauce en accompagnement.

Daube de sanglier

Pour 6 personnes

2 kg de sanglier
(morceaux désossés)
2 oignons
3 gousses d'ail
2 carottes
3 clou de girofle
1 bouquet garni
1 litre de vin rouge
10 cl de vinaigre
20 cl d'huile d'olive
sel et poivre

Epluchez et coupez en deux les oignons et les gousses d'ail. Emincez les carottes.

Laissez mariner 24 heures les morceaux de viande coupés en cubes avec les ingrédients.

Retirez le sanglier. Faites le saisir puis versez la marinade ainsi que 50 cl d'eau.

Laissez mijoter environ 3 heures. Pour plus d'onctueux, ajoutez 2 cuillérées à soupe de farine diluée dans du jus.

Rôti de sanglier à la gelée de cassis

Pour 6 personnes
1,5 kg cuissot de jeune sanglier
100 g lard a entrelarder
beurre fondu
5 baies de genièvre ecrasées
grains de poivre ecrasés
1 carotte, 2 oignons
3 dl vin rouge
1/2l bouillon
1 dl crème
fécule de pomme de terre
sel, poivre
gelée de cassis (environ 6 cuillères à soupe)

Préchauffez le four a 220°C. Entrelardez le cuissot et le frotter de sel et de poivre.

Faites chauffer le beurre dans une cocotte et faites bien revenir le cuissot sur tous les cotes. A la fin mettez à revenir les legumes coupés en dés.

Otez le beurre à l'exception d'une couche légère, déglacez avec le vin, ajoutez les baies de genièvre et le poivre, et mettez au four. Laissez cuire 30 minutes en arrosant de temps en temps avec le bouillon préalablement chauffé.

Ajoutez la crème, laissez cuire encore 30 minutes. Ajoutez a nouveau du bouillon et arrosez le cuissot.

Quand la viande est tendre, retirez le cuissot. Tamisez le fond de sauce, égouttez bien les légumes. Si nécessaire ajoutez un peu de bouillon et liez avec la fécule delayée dans un peu d'eau. Mélangez la gelée de cassis. Rectifiez l'assaisonnement si nécessaire.

les Desserts

Poires au vin

6 poires
1 bouteille de vin rouge
(Beaujolais,
Pays de la Loire)
50 g de sucre de canne
1 c à café de miel
2 clous de girofle
1 bâton de cannelle
(ou une pincée
de cannelle en poudre)
1 orange (non traitée)
1 citron (non traité)

Pelez les poires et mettez-les dans une casserole avec le vin.

Ajoutez des zestes d'orange et de citron et quelques rondelles d'orange (épluchée si traitée), puis le reste des ingrédients.

Portez à ébullition puis laissez à feu doux pendant 20 minutes. Regardez à l'aide d'un couteau si la poire est bien tendre.

Servez frais.

Figues au vin

Pour 4 personnes

12 figues
300 g de sucre
1 litre de vin rouge très corsé
1 orange non traitée
1 gousse de vanille
1 clou de girofle

Chauffez à feu moyen le vin rouge puis ajoutez le sucre, le clou de girofle, l'orange coupée en quartiers et la gousse de vanille coupée en deux. Laissez réduire d'un tiers.

Plongez les figues dans le liquide et portez le tout à ébullition.

Retirez du feu et laissez refroidir.

Une fois le liquide refroidi, retirez les figues

Passez le sirop au chinois afin de récupérer le liquide.

Remettez le liquide sur le feu pour le laisser réduire à nouveau jusqu'à obtention d'un sirop assez épais (presque caramélisé)

Coupez les figues en tulipes : pratiquez quatre incisions sans couper totalement la figue de manière à ce qu'elle s'ouvre en quatre à partir du sommet

Dressez 3 figues sur chaque assiette et nappez avec le sirop.

Purée de fraises au vin rouge

Pour 6 personnes
700 g de fraises
1 c à soupe de fécule de maïs
20 cl de crème fraîche
10 cl de vin rouge
150 g de sucre en poudre

Lavez et équeutez les fraises, réservez-en 100 g de taille égale.

Coupez les autres en 4.

Mettez les fraises dans une casserole, faites-les cuire 10 minutes à feu doux.

Versez-les dans le bol du mixer et mixez-les.

Délayez la maïzena dans un peu d'eau, versez-la sur les fraises avec la moitié de la crème fraîche, mélangez bien et ajoutez le vin et le sucre en poudre.

Remettez sur le feu et portez à ébullition, baissez le feu et laissez épaissir 2 minutes sans cesser de remuer.

Laissez refroidir au réfrigérateur.

Au moment de servir, versez cette purée dans des assiettes ou des coupes individuelles, fouettez la moitié restante de la crème fraîche et disposez une quenelle de crème et des fraises entières sur le dessus.

Cerises au vin et au romarin

Pour 4 personnes

500 g de cerises
40 cl de vin rouge
120 g de sucre semoule
1 branche de romarin
1 c à café
de fécule de maïs

Lavez les cerises sous l'eau froide, puis sécher les. Versez ensuite le vin dans une casserole et portez-le à ébullition. Dès le premier bouillon, faites le flamber.

Ajoutez-y ensuite le romarin et le sucre. Mélangez, puis laissez mijoter pendant 10 mn sur feu doux.

Pendant ce temps, délayez dans un petit bol la fécule avec un verre d'eau froide.

Incorporez ensuite la fécule diluée dans le vin en fouettant légèrement la préparation pour la faire épaissir ; pendant une minute sur feu moyen.

Disposez les cerises dans un saladier, puis arrosez-les avec le sirop au vin chaud.

Laissez-les ensuite mariner dans le sirop de vin à température ambiante pendant au moins 3 heures (idéalement toute une nuit).

Granité de Sancerre et de raisin

Pour 75 cl de granité

20 cl de vin blanc sec de Sancerre
40 cl de jus de raisin
1 belle grappe de raisin blanc
200 g de sucre en poudre
quelques grains de raisin de Muscat

Faites fondre le sucre avec 10 cl d'eau et faites chauffer environ 7 min afin d'obtenir un sirop lissé à 101 °c.

Mélangez le sirop avec le jus de raisin et le vin et mettez au congélateur environ 3 heures.

Epluchez les grains de raisin en les ébouillantant et épépinez-les.

Servez le granité avec les grains de raisin.

Gâteau au Champagne

Pour 8 personnes

4 jaunes d'œufs
2 verres de sucre
1 verre de Champagne
1 verre d huile
3 verres de farine
1 paquet de sucre vanillé
1 paquet de levure
1 pincée de sel

Battez au fouet électrique les jaunes d'œufs avec le sucre pour obtenir quelque chose de lisse et tout blanc.

Ajoutez ensuite le verre de Champagne, puis le verre d'huile, les 3 verres de farine, le sucre vanillé, la levure, le sel tout en remuant avec un fouet à main.

Battez au fouet électrique les blancs en neige ferme et incorporez-les à la préparation précédente.

Versez dans un moule à manqué assez haut et faites cuire 45 minutes à four préchauffé à 150°.

Gâteau au vin

Pour 8 personnes

3 œufs
250 g sucre
250 g farine
2 sachets de sucre vanillé
1 verre de vin blanc doux
1 verre d'huile
1 sachet de levure chimique

Préchauffez le four à 180°.

Battez les œufs avec le sucre et le sucre vanillé pour les faire mousser.

Ajoutez le vin et l'huile puis la farine et la levure.

Mettez dans un moule beurré et faites cuire 45 minutes.

Gâteau au vin doux et à l'huile d'olive

Pour 6 à 8 personnes

180 g de farine
1 sachet de levure
3 œufs
160 g de sucre en poudre
120 ml de vin blanc sucré
120 ml d'huile d'olive
2 c à café de zeste d'orange
2 c à café de zeste de citron
sucre glace pour décorer

Préchauffez le four à 180 °C.

Fouettez les œufs et le sucre dans un saladier jusqu'à ce que le mélange blanchisse. Ajoutez l'huile d'olive, et les zestes de citron et d'orange puis la farine, jusqu'à obtention d'un mélange homogène. Incorporez le vin blanc progressivement.

Beurrez un moule à manqué, et verser la préparation.

Mettez-le au four pendant 40 minutes.

Nappez-le de sucre glace quand il aura un peu refroidi.

Cake au vin

Pour 6 personnes

4 oeufs
200 g de sucre
200 g de beurre fondu
250 g de farine
1 c à café de levure chimique
1 c à café de cannelle
1 c à café de cacao
100 g de chocolat en granulé
1 verre de vin rouge

Préchauffez le four à 180°C.

Battez les jaunes d'oeufs avec le sucre (conservez les blancs d'œufs).

Ajoutez le beurre fondu tiède, la cannelle, le cacao, le chocolat et le vin.

Rajoutez la levure et la farine puis versez les blancs d'oeufs et tournez délicatement.

Mettez à cuire pendant 20 min.

Tarte aux raisins et au vin rouge

Pour
6 à 8 personnes

1 pâte brisée sucrée
6 œufs
100 g de sucre en poudre
200 g de raisins de corinthe
200 ml de vin rouge
200 ml de jus de fruits rouges
un bâton de cannelle
2 clous de girofle
20 g de beurre

Faites chauffer le vin rouge, le jus de fruits rouges, la cannelle, et les clous de girofle, à la casserole à feu moyen pendant 2 à 3 minutes, puis versez la préparation dans un saladier sur les raisins de Corinthe. Laissez reposer pendant 2 heures.

Préchauffez le four à 200 °C, beurrez le moule à tarte, faites cuire la pâte brisée à blanc pendant environ 15 minutes, jusqu'à ce qu'elle dore.

Fouettez les œufs, le sucre et le beurre dans un saladier.

Faites de nouveau cuire la préparation liquide avec les raisins à la casserole, sans porter à ébullition. Puis ajoutez-la dans le saladier avec les œufs.

Garnissez le fond de la tarte, et mettez au four environ 30 minutes à 160 °C.

Laissez refroidir et saupoudrez du sucre glace.

Astuce : pour la pâte brisée, il faut la cuire à blanc 20 minutes. Pendant les 10 premières minutes faites-la cuire avec des légumineuses !

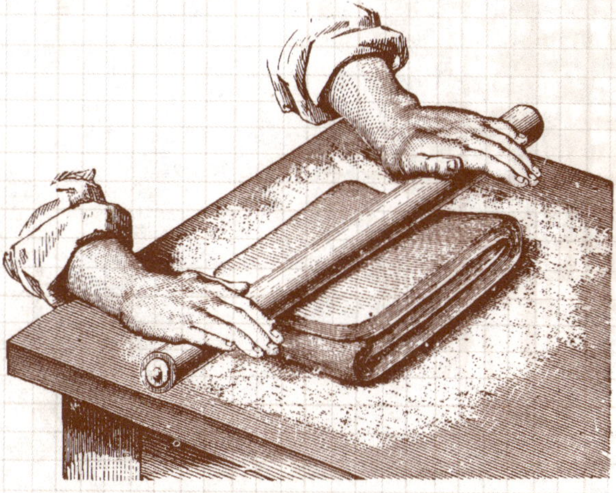

Tarte au vin

3 œufs
180 g de sucre
50 g de beurre
1 verre de vin blanc sec
(de savoie ou suisse
de préférence)
pâte levée :
350 g de farine
100 g de beurre
20 g de levure de boulanger
40 cl de lait

Délayez la levure dans le lait tiède. Dans un grand bol, mélangez la farine, une cuillérée à soupe de sucre et une pincée de sel. Disposez en fontaine puis versez le beurre fondu, le lait et sa levure et travaillez la pâte pour bien l'aérer.

Ensuite laissez la lever environ 2 heures.

Beurrez un plat à tarte et disposez la pâte bien étalée au rouleau à pâtisserie.

Battez les œufs en omelette avec 100 g de sucre et le vin blanc, versez ce mélange sur la pâte.

Faites cuire au four à 220°C. Saupoudrez ensuite la tarte des 50 g de sucre restant et parsemez de petites noisettes de beurre. Remettez au four environ 15 minutes à 180°C.

Tiramisu aux fruits rouge et au vin blanc

Pour 6 personnes

500 g de mascarpone
5 œufs
5 c à soupe de vin blanc liquoreux
7 c à soupe de sucre glace
environ 40 biscuits à la cuillère

pour le coulis
400 g de fraises
200 g framboises, groseilles
2 c à soupe de sucre en poudre

Mixez les fruits bien nettoyés avec le sucre en rajoutant 2 cuillérées à soupe d'eau.

Faites blanchir les jaunes d'œufs avec 5 cuillérées de sucre glace. Mélangez avec le vin puis rajoutez le mascarpone au fur et à mesure afin d'obtenir une crème lisse.

Battez les blancs en neige avec 2 cuillérées à soupe de sucre glace. Puis rajoutez les à la crème.

Imbibez les biscuits de coulis aux fruits. Disposez-les dans un moule rectangulaire. Recouvrez avec la moitié de la crème. Disposez de nouveau des biscuits puis mettez le reste de la crème. Saupoudrez de chocolat en poudre.

Mettez au froid environ 12 heures.

Gelée de vin

25 cl de vin blanc ou rouge au choix
12 cl d'eau
300 g de sucre en poudre

Faites fondre le sucre dans l'eau sur petit feu sans colorer et laissez bouillir pendant environ 4 minutes.

En remuant, ajoutez le vin et laissez cuire jusqu'à l'obtention d'un sirop épais.

Quand la gelée est prise (une goutte sur une assiette froide se fige), mettez-la en pot et couvrir.

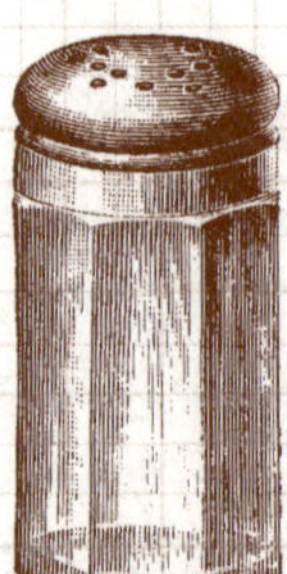

Fraises au vin épicé

Pour 6 personnes

500 g de fraises
30 cl de vin rouge
1 étoile de badiane
1/2 c à café de 4 épices
5 baies de poivre
60 g de sucre en poudre

Versez le vin dans une casserole et ajoutez les baies, les épices, l'étoile de badiane, le sucre.

Faites chauffer jusqu'à ébullition, baissez le feu et laissez réduire d'un tiers.

Laissez refroidir.

Lavez les fraises en ôtant la queue et coupez les en morceaux dans un saladier.

Ajoutez la préparation refroidie et mélangez le tout.

Réservez au frais au minimum deux heures.

Astuce : ce mélange est parfait servi dans des verrines !

Pain perdu au vin rouge

8 biscottes
¼ de l de vin rouge
2 c à soupe de sucre
une pincée
de cannelle en poudre
2 œufs entiers + 1 jaune
50 g de beurre
1 pincée de sel
cassonade

Faites macérer le vin rouge avec le sucre et la cannelle pendant 1 heure.
Ensuite versez sur les biscottes.

Laissez tremper 2 minutes, puis passez les biscottes légèrement égouttées dans les œufs battus avec une pincée de sel.

Faites dorer des deux cotés dans une poêle avec le beurre.

Saupoudrez de cassonade.

Poires caramélisées au Monbazillac

3 poires type Williams, assez fermes
25 cl de Monbazillac
1 petit morceau de gingembre frais
1 c à soupe de miel
1 c à soupe de sucre
1/2 c à soupe de noix de muscade

Pelez et coupez des poires en deux. Placez dans une cocotte, arrosez du vin, ajouter 10 cl d'eau, couvrez et faites cuire 25 minutes.

Enlevez les poires, faites mijoter le vin à feu doux en ajoutant le miel, le sucre et la noix de muscade.

Une fois que le mélange commence à s'épaissir, remettez les poires et faites caraméliser pendant 10 minutes.

les Boissons

Sangria

Pour 10 personnes
2 litres de vin rouge
800 g d'oranges
300 g de citrons
20 cl de Cointrau
(ou Porto, Cognac...)
150 g de sucre de canne
1 gousse de vanille
1 c à café de cannelle
50 cl de limonade

Epluchez et coupez en tranches les oranges et citrons. Mettez-les dans un grand saladier avec le vin, le sucre, le Cointreau, la vanille et la cannelle.

Laissez bien macérer au moins 24 heures. Au moment de servir rajoutez la limonade fraîche.

Vin chaud

Pour 6 personnes

1 litre de vin rouge
125 g de sucre de canne
1 orange
2 clous de girofle
3 bâtons de cannelle

Faites flamber le vin dans une casserole. Versez les autres ingrédients et laissez à feu doux pendant 10 min.

Kir

10 cl de vin blanc sec (à l'origine avec du Bourgogne aligoté)
2 cl de crème de cassis

Dans un verre à vin, versez le vin bien frais sur la crème de cassis.

Kir royal

10 cl de Champagne
2 cl de crème de cassis

Dans une flute, versez le champagne bien frais sur la crème de cassis.

Double k

4 cl de vin blanc
4 cl de Vodka
2 cl de crème de cassis

(Créé à l'occasion de la rencontre de Nikita Krouchtchev et du chanoine Félix Kir)

Dans un verre à vin versez la Vodka et le vin bien frais sur la crème de cassis.

Communard

10 cl de vin rouge (de Bourgogne de préférence)
2 cl de crème de cassis

Dans un verre à vin, versez le vin bien frais sur la crème de cassis.

Vin des dieux

Pour 8 personnes

2 pommes
(gala ou rainette)
2 citrons
700 g de sucre en poudre
1 bouteille
de vin de Bourgogne
5 clous de girofle
1 c à soupe
de fleur d'oranger

Dans un grand récipient, disposez des rondelles de pommes épluchées puis une couche de rondelles de citron et saupoudrez de sucre. Continuez l'opération jusqu'à épuisement des ingrédients. Versez le vin. Posez une assiette pour bien immerger les fruits.

Couvrez et laissez macérer 3 heures au réfrigérateur. Filtrez et conservez au frais le vin dans une bouteille pour ensuite servir.

Vin rouge à la grenade

1 grenade
2 bouteilles de vin rouge
5 cl de gin
15 cl de sirop de grenadine
2 bâtons de cannelle
1 gousse de vanille
50 g de zestes d'agrumes
2 c à soupe
de fleur de thym

Dans un grand saladier, mettez la grenade égrenée, les zestes d'agrumes hachés, et le reste des ingrédients. Laissez macérer une nuit.

Filtrez et conservez au frais dans des bouteilles pour ensuite servir.

Bowl aux pêches

Pour 5 personnes

50 cl de vin blanc
1 kg de pêches
20 g de sucre

Dans un saladier, versez le sucre et le vin sur des dés de pêches. Laissez macérer au frais environ 1 heure.

Au moment de servir, versez 1 litre de vin mousseux bien frais et servez dans un verre à cocktail.

Soupe champenoise

1 bouteille de Champagne
10 cl de Cointreau
10 cl de sucre de canne liquide
10 cl de jus de citron

Dans un grand saladier, mélangez bien le Cointreau, le sucre et le jus de citron avec une vingtaine de glaçons. Puis versez le Champagne.

Servez dans des flûtes.

Rosé pamplemousse

8 cl de vin rosé
2 cl de sirop de pamplemousse

Dans un verre à vin, versez le vin sur le sirop. Servez avec des glaçons.

Vin de noix

5 litres de vin à 12°
1 litre de Calvados
1 kg de sucre en poudre
1 gousse de vanille
18 noix vertes
et gélatineuses
coupées en 4

Laissez macérer 2 mois. Filtrez et mettez en bouteilles.

La Jacqueline

7 cl de vin blanc
2 cl de limonade
1 cl de grenadine

Dans un grand verre à soda, versez la limonade sur la grenadine puis le vin blanc.
Servez avec des glaçons.

La Cuisine au Vin

Par Anthony ROSE

Directrice de collection : Frédérique ROSE
Maquette : Katia FOLTIER

Édition, réalisation : COMMUNICATION-PRESSE-ÉDITION
RCS B 398-382-416

BP 57 - 5, Allée de la Tuilerie
41202 Romorantin Cedex
Téléphone : 02 54 83 41 41 - Fax : 02 54 76 77 98
e-mail : almanachs@cpe-editions.com
Site internet : www.cpe-editions.com

Imprimé en France -Novembre 2011
ISBN : 2-84503-965-0
EAN : 9782845039650
Dépôt légal à parution